AUX GENS DE MON DÉPARTEMENT

A PROPOS DES ÉLECTIONS

LÉGITIMITÉ, ORLÉANISME, EMPIRE
RÉPUBLIQUE

SUIVI DE

LA LETTRE A M. JEAN DAVID

CONSEILLER GÉNÉRAL

MAIRE **remplacé** DE LA VILLE D'AUCH

Par L. COUSSE

Ex-rédacteur en chef du **Républicain du Tarn
et-Garonne**, ex-rédacteur de la **Réforme** et de
l'**Émancipation**, de Toulouse, etc., etc.

AUCH

PRIMERIE J. DELAS, RUE ESPAGNE

Monsieur et Cher Collègue,

Permettez-moi de vous adresser cette brochure, non pas que j'approuve en son entier tout son contenu, il est quelques points sur lesquels je fais au contraire des réserves formelles.

Mais ce petit ouvrage est le fruit du travail d'un de nos jeunes concitoyens, M. L. Cousse, qui donne à ses camarades l'exemple de l'amour de l'étude et du goût des choses sérieuses.

Ceci est, pour ainsi dire, un cours de politique expérimentale.

Dans quelques pages, M. Cousse a très heureusement condensé les faits. Mêlant les grands événements aux petits incidents, il a fait une remarquable synthèse de notre histoire nationale.

Ce système manque, je le reconnais, de rigueur scientifique ; il n'en est pas moins excellent et parfaitement juste pour permettre, même au plus inhabile, de comparer et de choisir.

Lisez. Voyez ce qu'ont été les divers gouvernements de notre France bien-aimée ; voyez sur quels principes ils ont reposé, sur quelles bases ils étaient assis ; voyez ce qu'ils ont fait pour le peuple français ; en un mot, connaissez-les, vous les jugerez ensuite.

La démonstration me semble évidente, et sans insister pour ceux qui ont comme moi la foi républicaine, je demande, en toute sincérité, à tous les hommes de bon sens, d'honneur et de raison, si étant donnés le suffrage universel et la France démocratique, il est possible — sans s'exposer à des révolutions stériles et toujours nouvelles — de donner au gouvernement une forme autre que la forme républicaine.

Agréez l'assurance de mon dévouement patriotique.

JEAN DAVID,

Ancien maire d'Auch, conseiller général et conseiller municipal.

Auch, 31 janvier 1876.

AUX GENS

DE

MON DÉPARTEMENT

A PROPOS

DES ÉLECTIONS

Par L. COUSSE

———

L'heure est aux résolutions viriles... Les élections générales sont proches ! Ce sont donc les destinées de la France qui vont être en jeu, et il ne s'agit de rien moins que de notre tranquillité et de l'avenir de nos enfants et du pays... Aussi, faire de bonnes élections est la grande préoccupation de tout patriote, de tout bon citoyen.

Or, depuis cinq ans, trois partis, diversement monarchiques, intriguent, luttent, s'acharnent contre le gouvernement légal et s'apprêtent à livrer à la République et à la liberté leur dernière bataille.

Qui choisirons-nous ? et que voulons-nous ??

Pour bien voter, il ne suffit pas de connaître seulement le caractère et le passé des candidats au Sénat ou à l'Assemblée législative; il faut surtout être sérieusement fixé sur leurs idées politiques, sociales et religieuses. *Qu'ont été et que seraient les régimes divers au nom desquels ils vont briguer nos suffrages?* Voilà ce qu'il faut savoir d'abord, et ce que nous allons étudier.

Je n'écris pas évidemment pour les gens que le parti pris ou quelque intérêt rend incorrigibles. Je parle à la jeune génération qui arrive, pleine de loyauté et de désintéressement, et j'en appelle au bon sens et à l'expérience de la génération qui a vu s'écrouler à jamais ce trône de France que, trois fois durant ce siècle, l'on a tenté envain de relever... A tous je voudrais faire entendre la voix de la raison calme et de l'impartiale histoire.

I.

On dit et toute la légitimité soutient avec la droite monarchique que le Monsieur, qui attend à Froh-dorff que l'heure sonne à l'horloge de Versailles pour secouer le linceul de la vieille monarchie ..., « *est un principe.* » — Qu'est-ce qu'un principe, s'il vous plaît, *s'identifiant* dans un *homme* fragile qui tousse, boîte, peut délirer ou à chaque instant se casser le cou, dans *une famille* qui n'est nullement à l'abri des accidents, des machines infernales ou du poignard d'un Louvel, dans une *dynastie* sujette à périr un jour sans rejeton, aurait-elle plusieurs branches aussi *touffues* que la branche cadette des Bourbons?... Un principe n'est ni contingent, ni sujet... et M. de Chambord n'est pour nous qu'un *homme*... Mais, soit; c'est un principe, et *quel principe?*

« A l'égard des sujets, dit Sully. le ministre d'Henri IV, la première loi que la religion comme la morale et la nature leur impose, est, sans contredit, l'*obéissance* au prince, image même du souverain maître, etc... Au malheur d'avoir un roi injuste, ambitieux, violent, il n'est qu'un seul remède à opposer, *celui de l'apaiser par leur soumission et de fléchir Dieu par leurs prières.* »

« *L'Etat, c'est moi!...* » s'écrie le roi-soleil, et, après lui, Bossuet soutient, avec l'autorité d'un grand évêque, que « la volonté de tout le peuple est renfermée dans celle du prince, et que tout l'Etat est en lui. » Doctrine monstrueuse que Louis XIV, dont nous venons de rappeler le mot orgueilleux, interprétait ainsi : « Les rois sont seigneurs absolus et ont naturellement la disposition pleine et entière de tous les biens qui sont possédés. »

« Sire, tout cela est à vous! » dit un maréchal de France à Louis XV en lui montrant le peuple, que les rois ont toujours considéré comme leur propriété, leur chose, et Louis XVI a fait consacrer par le Parlement cette définition des pouvoirs royaux : « Au roi seul appartient la puissance souveraine de son royaume. Il n'est comptable qu'à Dieu seul de l'exercice du pouvoir suprême. Le pouvoir législatif réside dans la personne du souverain, *sans dépendance ni partage.* » Louis XVIII, même après la Révolution, n'y a pas contredit, et le droit politique que la Charte concédait n'était autre chose à ses yeux qu'une branche du droit divin « détachée par la maison de Bourbon et gracieusement donnée au peuple jusqu'au jour où il plairait au roi de s'en ressaisir ». Quant à Charles X, il dépassa toutes les bornes de l'audace omnipotente quand il publia ses fameuses Ordonnances, qui détruisaient tout droit collectif et individuel, contestaient à la nation sa souveraineté, au citoyen sa liberté. Mais aussi on apprenait bientôt que le vieux monarque, fuyant devant la Révolution déchaînée par ce dernier acte de despotisme royal, faisait couper à Cherbourg une table ronde en table carrée, se montrant ainsi plus soucieux de l'étiquette en péril que de la monarchie croulante..... O puérilité de ce qu'on appelle *la grandeur !*

Et voilà pourtant le principe que représente M. de Chambord ! Voilà le régime que l'on dit être le plus *conforme à la nature*, qui « a établi le pouvoir paternel ! » Mais cet exemple ne prouve rien, répond Montesquieu. « Car, si le pouvoir du père a du rapport au gouvernement d'un seul, après la mort du père, le pouvoir des frères ou des cousins germains a du rapport au gouvernement de plusieurs. La puissance politique comprend l'union de plusieurs familles... Il vaut mieux dire que le gouvernement le plus conforme à la nature est celui dont la disposition convient au peuple pour lequel il est établi. »

Au reste, comment concilier le droit divin avec cet adage : *Vox populi, vox Dei !* et surtout avec ce principe de droit naturel, national, base de notre droit public : « La souveraineté est une, indivisible, inaliénable, imprescriptible ; elle appartient à la nation. Aucune section du peuple, ni aucun individu ne peut s'en attribuer l'exercice ? » Eh ! qui ne se révolterait, si le fils d'un haut ou bas fonctionnaire succédait, par droit de naissance, à son père, ou s'il fallait attendre, pour disposer d'une place, la *délivrance* d'une veuve enceinte à la mort de son mari, et qui même pourrait, par exemple, gouverner la commune pendant la minorité de son nouveau-né, si, toutefois, un nouveau Louis XIV était venu supprimer les libertés municipales et ériger les mairies en offices héréditaires ?

Comment ! un père honnête et intelligent ne peut-il donc pas donner le jour à un goitreux, à un vaurien ou à un fou ? Et si un Français n'est majeur qu'à 21 ans, s'il ne peut même être maire du plus petit bourg avant 25 ans, un prince, *majeur à 16 ans*, pourrait-il à cet âge devenir le maître d'un peuple et de ses destinées ?... Non, *qui ne peut pas le moins, ne peut pas le plus !* et si personne aujourd'hui n'oserait appliquer l'hérédité à une magistrature inférieure, comment l'admettre pour la magistrature suprême de l'Etat ?...

Voyez à Rome les empereurs nés sous la pourpre : Caracalla, Néron, Domitien, et tant d'autres; comparez-les à Vespasien, à Titus ou à Marc Aurèle ! et dites moi si ce n'est pas l'election qui sauve et l'hérédité qui perd... Les *moins mauvais* des empereurs romains furent ceux qu'aucun droit héréditaire n'avait appelés à l'empire ; et il n'est pas besoin de disserter longtemps pour comprendre que nous avons tout intérêt à choisir nous-mêmes nos législateurs et nos chefs, tandis que nous n'en avons aucun à reconnaitre pour notre futur souverain, un enfant qui vagit encore, un prince au berceau ou en maillot que l'huile du sacre ne rendra ni moins despote ni moins débauché, et qui nous fera maudire à notre tour le jour où le peuple d'Israël demanda un de ces rois que Dieu lui-même maudit, si nous en croyons le brave prophète Samuel

D'ailleurs, qu'a donc produit chez nous cette monarchie traditionnelle que l'on voudrait ressusciter? Quatorze siècles au moins de misère et d'esclavage, durant lesquels les rois n'étaient pas faits pour les peuples, mais les peuples pour les rois... D'abord le clergé avait été tout, grâce à l'ignorance publique. La noblesse, devenue puissante par le brigandage, aspira aussi à régner et se partagea le pouvoir avec le clergé. Si l'esclave, qui représentait un *capital*, sous l'empire romain, n'était plus destiné aux murènes du vivier d'un Pollion opulent, on voyait du moins, dit La Bruyère, « certains animaux farouches, des mâles et des femelles, répandus par la campagne, noirs, livides et tous brûlés du soleil, attachés à la terre qu'ils foulaient et qu'ils remuaient avec une opiniâtreté invincible; ils avaient comme une voix articulée, et quand ils se levaient sur leurs pieds, ils montraient une face humaine, et, en effet, ils étaient des hommes. Ils se retiraient la nuit dans des tannières où ils vivaient de pain noir, d'eau et de racines. Ils épargnaient aux autres hommes la peine de semer, de labourer et de recueillir pour vivre, et méritaient ainsi de ne pas manquer de ce pain qu'ils avaient semé. »

Oui, telle était sous la féodalité la condition des paysans et de tout ce peuple qui payait de ses larmes et de sa vie les sanglantes folies de ses maîtres... Mais à côté de ce triste tableau, il faudrait placer tout ce qu'on a dit du misérable caractère des courtisans, tout ce que l'on a écrit sur la cour de nos anciens monarques. On vit, en effet, des tyranneaux imbéciles ou vicieux occuper le trône de France. Messaline et Agrippine semblaient reparaître sous les traits de reines chrétiennes... La démence tient un sceptre sous Charles VI et Odette de Champdivers. Charles VII oublie aux pieds d'Agnès Sorel ou de la Meignelai que les Anglais ravagent la France et laisse brûler vive l'héroïque Jeanne d'Arc, qui lui avait rendu une partie de ses Etats. La barbarie et le crime portent couronne sous Louis XI et Marguerite de Sassenage, le Phélise Renard ou la Gigone. François 1er se console du désastre de Pavie et de la perte de ses provinces, dans les bras de la Ferronnière ou de l'Avocate... L'hypocrite Henri II fait bâtir Anet pour la belle Diane de Poitiers et fait périr dans des supplices infâmes ceux que les exactions royales

avaient poussés à la révolte... Charles IX'
le massacreur de 1572, se distingue par ce
fanatisme sanguinaire qu'excitait Catherine
de Médicis et que ne calmait pas sa maîtresse, Marie Touchet...

Et sans remonter même à la Ligue et au
dévot Henri III qui ne pouvait vivre sans
ses mignons et sans une Marie de Clèves
quelconque, à Henri IV et à Gabrielle ou à
Ravaillac, à Louis XIII et à Richelieu, à
Anne d'Autriche et à Mazarin, que de taches
sur l'étendard des lis ! Bien longtemps
après que l'abbé de Citeaux avait osé dire :
« Tuez, tuez, Dieu reconnaîtra les siens ! »
Mme de Maintenon pouvait écrire : « Nous
ne voyons ici que des assassinats de sang-
froid, des envies sans sujet, des rages, des
trahisons sans ressentiment, des avarices
insatiables, des désespoirs au milieu du
bonheur, des bassesses qu'on couvre du
nom de grandeur d'âme. » Et cependant
c'était sous le règne de ce *grand roi*, qui
n'était (au dire de Macaulay, traduit par
Guizot) « qu'un tyran vaniteux, esclave des
prêtres et des femmes, petit à la guerre,
petit dans le gouvernement, petit en toutes
choses, si ce n'est dans l'art de simuler la
grandeur ! »

En effet, tandis que le roi s'amusait avec
ses dames de beauté, comme la Montespan
et la Lavallière, qu'il pensionnait avec l'ar-

gent des contribuables (la Fontanges recevait 1,000 écus par mois et nous revient 12 millions), on *pendait* à Rennes; la famine sévissait à Orléans, à Tours, au pays du Maine et ailleurs; les protestants, persécutés, emportaient à l'étranger les richesses de notre industrie; les armées françaises étaient humiliées, et c'en était fait de la patrie sans la bravoure des soldats et le génie de Villars... « Il y avait alors, dit M. Thiers, à la tête de l'Etat, un roi muni d'un pouvoir mal défini en théorie, mais absolu dans la pratique; des grands qui avaient abandonné leur dignité féodale pour la faveur du monarque et qui se disputaient par l'intrigue ce qu'on leur livrait de la substance des peuples; au-dessous une population immense sans autre relation avec cette aristocratie royale qu'une soumission d'habitude et *l'acquittement des impôts*, » car sur elle seule pesaient toutes les charges publiques. Louis XIV n'en mourut pas moins couvert de reliques, entre les jésuites et les prostituées, laissant quatre milliards de dettes. Il en avait dépensé *vingt* durant son règne.

Vienne Louis XV, et un millier de Français périront dans une guerre insensée ou mourront de froid en Bohême et en Bavière; les paysans du Blaisois vivront de chardons crus, de limaces et de charognes, et, malgré la disette, la France — à qui la Pompadour coûta 36,726,000 francs — paiera 120,000 livres de rente à chacun des enfants issus du Parc-aux-Cerfs et on achètera encore les plus belles filles du peuple pour réveiller les sens d'un roi épuisé de débauches et qui ne peut mourir sans conclure une paix honteuse et sans faire banqueroute. La honte de Rosbach et la perte de nos colonies, tels furent les résultats d'un gouvernement de favorites, peut-être de l'influence d'une Du Barry... Et cinquante-sept *dames de beauté publiquement* avouées, une centaine d'enfants naturels, tel est le bilan des galanteries capétiennes de 1400 à 1774..... On comprend, après cela, que Louis XIV se crut obligé de créer un nouveau titre de *noblesse :* celui de *prince bâtard !...*

Sous Louis XVI le peuple, toujours « taillable et corvéable à merci », meurt de faim; on pend des affamés, que l'on accuse d'avoir dérobé quelques livres de pain, et pendant ce temps l'*Autrichienne*, Mme *Déficit*, apparaît éblouissante de luxe et de beauté dans les fêtes royales, où pullulent des aristocrates repus et des abbes de cour satisfaits..., et le *bon Serrurier* conspire avec l'étranger, trahit la nation, les armées, ses serments, et la Bastille regorge de victimes expirantes jusqu'au jour où, dans un sublime élan, le peuple la détruit et châtie les bourreaux. Mais comme le mal engendre le mal, leurs haches firent nos épées et le gibet, hélas! enfanta la guillotine.

Résumons-nous : Les guerres de succession d'Espagne, de Pologne, d'Autriche avaient rempli la moitié du dix-huitième siècle, car, à ce moment, les peuples ne comptaient pas encore et les rois se les partageaient comme des troupeaux. En France, deux classes vivant des sueurs d'une troisième ; la mauvaise organisation administrative, judiciaire ; la rigueur du Code pénal ; l'iniquité de la procedure ; la perception des contributions publiques, onéreuses aux particuliers et à l'Etat ; l'inégalité dans la condition des provinces et dans celle des individus qui ne pouvaient plus arriver aux mêmes fonctions et dignités, qui n'étaient pas soumis à la même justice ; la servitude de l'industrie (jurandes, maîtrises) ; les entraves au commerce (douanes intérieures, péages et droits de toute sorte) ; la liberté et la propriété individuelles mal garanties ; les lettres de cachet ; la violation du secret des correspondances ; l'intolérance et la persécution religieuses ; — voilà ce qui irritait l'Europe vers la fin du dix-huitième siècle ; et voilà aussi, sans doute, ce qui, avec les faits historiques que nous avons esquissés, inspira à l'abbé Grégoire ces paroles mémorables qui retentirent en pleine Convention, au lendemain de Valmy : « Les rois sont dans l'ordre moral ce que sont les monstres dans l'ordre physique. Les cours sont l'atelier des crimes et la tannière des tyrans. L'histoire des rois est le martyrologe des peuples. »

Ni les événements dont ils avaient été victimes depuis 1789, ni l'exil ne corrigèrent les Bourbons. Revenu avec les émigrés dans les fourgons de l'étranger, Louis XVIII fit son entrée à Paris au milieu d'un état-major anglais, russe et prussien, et, après avoir fait de Wellington un maréchal de France, de Muffing un gouverneur de la capitale ; après avoir reconnu au prince-régent d'Angleterre un droit de suzeraineté morale et fait de la nation la vassale de l'Europe, il recommença la tradition monarchique un instant interrompue... Institution de cours prévôtales, jugeant en dernier ressort et faisant exécuter sur l'heure ; retour d'un million de gentilshommes orgueilleux et domination du clergé ; menaces perpétuelles aux acquéreurs de biens nationaux ; exécution inique de Ney et de tant d'autres Français rangés ou non dans les catégories de M. de Labourdonnaye qui proscrivait généraux, préfets, citoyens complices du retour de Bonaparte, ou signataires de l'acte additionnel et mettait le séquestre sur les propriétés particulières ; Chambres plus royalistes que le roi ; rétablissement des biens de mainmorte, du droit de substitution et du droit d'aînesse ; loi sur le sacrilége ; le milliard des émigrés ; la congrégation rétablie, des associations mystiques enlaçant le pays et les jésuites, s'attachant, dit Louis Blanc, « à creuser dans les jeunes générations le tombeau des générations précédentes, » et à préparer ainsi l'avenir ; cent dix-sept généraux cassés par Charles X ; toutes les libertés politiques et religieuses confisquées, en un mot, les *ordonnances* ; les royalistes Trestaillon et Pointu, les compagnons de Jéhu, etc., etc. — *C'est la Restauration !* c'est-à-dire le régime *doux* et *bénin* de la Terreur blanche que l'on subit de 1814 ou de 1815 à 1830.

Et maintenant, que serait la monarchie si elle revenait ? *Elle serait ce qu'elle a été !*

C'est encore Montesquieu qui l'a dit : « A la monarchie, il faut une noblesse ; point de noblesse, point de monarque. » Est ce à dire que l'on voulût rayer de notre histoire la nuit du 4 août et rétablir les dîmes et les corvées ? On ne le pourrait pas... Mais la restauration d'Henri V, ce serait le triomphe du principe *d'autorité absolue* sur la liberté, et la revanche de l'ancien monde contre la société moderne; ce serait le *syllabus* des jésuites substitué à notre code civil et religieux, c'est-à-dire la destruction des principes et des conquêtes de 1789; ce serait la guerre sinon avec l'Allemagne persécutrice des évêques, du moins avec l'Italie pour restaurer le pape; ce serait le principe d'intervention à l'extérieur, en Espagne par exemple, et de domination royale à l'intérieur à la place de la souveraineté nationale et du suffrage universel; ce serait enfin la monarchie avec son drapeau blanc et son absolutisme! car M de Chambord a déclaré avec une franchise qui l'honore, qu'il « ne serait jamais le roi même légitime de la Révolution. »

Arrière donc à cette monarchie dont les rois qui ne sont plus, comme autrefois, de simples *bergers*, ont changé de houlette et pris tantôt les ciseaux du tondeur, tantôt le glaive qui tue..., à cette monarchie qui ne veut tenir aucun compte de nos progrès et des besoins de notre époque!

Arrière à vous, qui vous appelez aussi bien Charles IX ou la Saint-Barthélemy, Louis XIV ou les dragonnades, Louis XVI ou la haute trahison, que Henri V, c'est-à-dire l'ancien régime!

Arrière à ces royalistes, seigneurs de nos châteaux, qui se moquaient de ce que Louis-Philippe portait une *lancette* au lieu d'un *poignard,* et raillaient cé « roi ridicule », le premier qui ait versé le sang pour *guérir!*

Ils voudraient tous une Assemblée d'*introuvables* ou une autre Chambre *retrouvée,* pour nous faire reculer au moins d'un siècle et donner ainsi raison à Loyola et à Escobar, contre nos philosophes et nos penseurs..... Ce que les de Bonald, les de Maistre, les Châteaubriand n'ont pu accomplir par la plume, par la parole ou par le pouvoir, ce qu'eux-mêmes ont tenté en vain de faire par l'intrigue depuis 1870, ils osent aujourd'hui en demander la réalisation à ce suffrage universel *maudit* et si incompatible avec leurs principes de gouvernement, au *suffrage universel,* qui certainement les repoussera une dernière fois. Et alors si, malgré tout, ils essayaient de rentrer, revenant de Coblentz, ils trouveraient encore sur leur chemin l'Argonne, et arrivant par mer, ils ne dépasseraient pas Quiberon!...

LES ORLÉANISTES

« C'est une idée libérale qui a tué le duc de Berry ! » disait Ch. Nodier, et ces diables d'idées ont tellement pénétré dans notre société, qu'elles y ont enfanté un grand parti, et même—est ce possible ?—une monarchie qui se targue de libéralisme..., mais qui n'a jamais eu qu'une devise : *ni chair ni poisson !*

En effet, sur quel principe repose la monarchie constitutionnelle ? — Sur *aucun*.

Il y a bien une formule à l'usage des doctrinaires : « le roi règne et ne gouverne pas ! » mais, ce n'est pas un principe. Où trouver un souverain qui acceptât le rôle que Siéyès attribuait à son grand électeur et que Bonaparte Ier définissait ainsi avec autant de vérité que de *crudité* : « Comment avez-vous pu imaginer qu'un homme de quelque talent et d'un peu d'honneur voulût se résigner à ce rôle d'un cochon à l'engrais de quelques millions ? »

Non, un roi *fainéant*, un roi qui ne serait utile qu'à la condition de *ne rien faire*, ne se comprendrait pas aujourd'hui. S'il était intelligent, il agirait ; s'il était idiot, il ne manquerait pas de gens pour le faire agir ou qui agiraient en son nom ! cela ne vaut pas mieux... Et, s'il s'en trouvait *un* parmi les *dignes* fils de Louis-Philippe, il y aurait encore à résoudre l'éternelle question : Qui sera juge de la violation ou de la non-violation du pacte ? — La nation ! répondez-vous. — Je le veux ! mais, c'est une révolution, et nous n'en voulons plus...

Je sais bien qu'on nous oppose l'exemple de l'Angleterre, comme s'il n'était pas plus difficile d'établir ce qui n'existe pas que de maintenir ce qui existe, ou comme si le Français de nos jours avait ce culte de la tradition monarchique qui protége encore le trône de sa *gracieuse majesté* anglaise..... Est-ce que nous avons en France une *pairie héréditaire*, une aristocratie souveraine, respectée, possédant le principe de substitution et de primogéniture, sur lesquelles pourrait s'appuyer, comme en Angleterre, l'autorité royale et reposer le principe monarchique ?... Et si l'on prétend, d'un autre côté, qu'il n'y a pas de différence entre la République et la monarchie constitutionnelle, pourquoi ne pas accepter celle-là préférablement à celle-ci ? Mais il y a, au contraire, cette différence notable, que la seconde, laissant tout au hasard de la naissance, est, comme la monarchie absolue, la négation de la *souveraineté nationale*, tandis que la première en est l'application pratique et l'expression. Et vouloir juxtaposer la souveraineté royale et la souveraineté nationale, ce serait s'exposer à voir recommencer la lutte des *deux prérogatives*..... Ce qui fait d'ailleurs la grande supériorité de la République sur toutes les monarchies en général, c'est qu'elle se prête admirablement aux modifications perpétuelles marquées par le courant de l'opinion publique, alors que les monarchies ne se prêtent à aucune, au moins sans qu'il se produise de grandes secousses, sinon des révolutions.

Victor Hugo compare quelque part les maisons royales « à ces figuiers de l'Inde dont chaque rameau, en se courbant jusqu'à terre, y prend racine et devient un figuier. Chaque branche peut devenir une dynastie. A la seule condition pourtant de se courber jusqu'au peuple. »

La branche tombée ou sortie du vieux tronc dépouillé de la monarchie légitime, aspirait bien à devenir « figuier, » mais à condition de ne vivre qu'en terre *bourgeoise* quoique poussée sur un sol populaire... Cette contradiction l'a tuée ! Louis-Philippe ne sut pas asseoir sur *un principe* national le trône élevé sur les débris des barricades de Juillet : il tomba! comme Charles X était tombé, pour avoir assis son gouvernement sur un principe faux! Mais si la monarchie constitutionnelle n'a pas une lignée de souverains dont le règne pût nous donner des enseignements utiles, elle n'en a pas moins son histoire. Cette histoire n'est autre que celle de la bourgeoisie, qu'on appelle à notre époque la classe dirigeante.

Les hommes qui se levèrent contre la féodalité à ce cri mille fois répété : Commune! Commune! qui plus tard firent la Fronde, et bientôt après s'installèrent dans le *camp des Tartares* ou les *galeries de bois* de ce Palais-Royal que Richelieu — ne cherchant qu'à abaisser cette « noblesse reléguée par Louis XI dans l'antichambre de son barbier, » — avait bâti et donné au duc d'Orléans qui, à son tour, voulant sans doute « jeter sur la boutique les fondements d'un trône futur, » le transforma en bazar universel..., les hommes, dis je, les *roués* qui, par leur influence sur... un d'Orléans, parbleu! l'ami de l'ignoble Dubois, le compagnon de ses orgies, l'amant prodigue d'une de Sabran quelconque, firent échouer la grande machine financière de Law, ceux enfin qui, après avoir déchaîné la Révolution, veulent l'arrêter quand elle cesse de se faire en leur nom pour tourner au profit du peuple, c'est la *bourgeoisie!* c'est-à-dire cette classe de gens de banque et de Bourse, qui *lâchèrent* bien vite Bonaparte à la nouvelle des grands désastres et contribuèrent puissamment à endébarrasser la France ; c'est-à-dire ces agioteurs qui substituèrent habilement à l'influence de la noblesse et du clergé la puissance de l'or et qui proclamèrent au PalaisRoyal, dans ce « monument, moitié marchand, moitié royal, » la royauté *bourgeoise.*

Pendant que le peuple se battait dans les rues, versant son sang pour son droit et sa liberté, quelques meneurs *bourgeois,* réunis dans les salons de l'hôtel Laffite, disposaient du pouvoir et du trône au détriment de ceux qui avaient combattu et renversé la monarchie absolue.

Fils d'un père philosophe d'abord, jacobin et régicide ensuite, membre lui-même d'un club révolutionnaire où il avait rempli les fonctions *d'appariteur,* compagnon d'armes de Dumouriez et *déserteur* avec lui, maître d'école en Suisse, candidat au trône de Grèce et de Mexico, pauvre la veille, riche à millions le lendemain, tel avait été le nouveau roi dont « l'odyssée se complète par ce simple mot : Claremont. »

Louis-Philippe était bon, dit-on, et bien qu'il aimât à s'entendre comparer à Louis

XIV, il avait de grandes vertus domesti-
ques et des qualités estimables. Il était heureux, par exemple, quand, ayant passé sa
nuit à réviser des procès criminels, il avait
pu arracher une tête au bourreau et dis-
puter « le pain de la guillotine aux procu-
reurs généraux, ces *bavards de la loi.* »
Mais si l'homme était bon, le roi était mauvais et son gouvernement détestable.

Que ne peut on pas, en effet, reprocher
à Louis-Philippe ?

D'abord sacrifiant tout aux intéréts ma-
tériels, il professait la maxime de la vieille
Macette :

Qu'il te souvienne
Que l'argent a bon goût, de quelque endroit qu'il
[vienne !]

Le plus riche des souverains de l'Europe, lui qui possédait de magnifiques châteaux, lui qui avait 86,000 hect. de terrain,
325,000 fr. de rente en actions de canaux
et tontines, plus de 100,000 fr. de rente
sur l'Etat et une énorme quantité de va-
leurs mobilières, sans compter la liste civile, adressait sans cesse des demandes
d'argent à la Chambre qui les repoussait
souvent, comme elle refusa la dotation du
duc de Nemours, et ne cherchait qu'à *amasser* encore, qu'à *amasser* toujours. Aussi,
sous son règne, les gens de finances, autrefois si méprisés, formèrent-ils une sorte

d'aristocratie qui tint le premier rang. Le *succès*, la *réussite* par n'importe quels moyens, voilà qui valait mieux que les grands sentiments du cœur et les qualités de l'esprit... « Le dieu Million eut de nombreux adorateurs et Robert-Macaire fut son prophète... » Si le commerce et l'industrie se développèrent, s'il y eut d'utiles découvertes, cette impatience de faire fortune enfanta le désordre moral. Toutes les notions du juste et de l'injuste, du vrai et du faux, semblaient confondues ou perverties. *Chacun pour soi, chacun chez soi ; les affaires, c'est l'argent des autres !* Telle fut la morale d'une société qui permit des agiotages comme ceux de la rue Quincampoix, qui applaudit une pièce de théâtre où l'on ridiculisait la tendresse paternelle, la piété filiale, le dévouement, l'amour.

Et pendant que la cour et la classe dirigeante mangeaient les fruits du trafic et de l'exploitation dans des fêtes où on étalait un luxe insolent, il y avait dans les grands centres des travailleurs sans travail, des milliers de misérables dépourvus des choses les plus nécessaires à la vie..., et un jour des soupiraux de Lille et des mansardes de Paris s'échappa ce cri terrible : « J'ai faim ! du pain ou du plomb ! » On répondit par des coups de canon, et l'*insurrection de la faim* fut réprimée par la force et sans pitié ! On sait le reste.

Qui s'étonnerait, après cela, que Louis-Philippe ne fût pas très-scrupuleux dans « le choix de ses moyens de gouvernement ? » Il régna par la *corruption*. Corrompre pour gouverner, cela se vit surtout aux élections de 1846. On acheta autant de suffrages que l'on pût pour s'assurer la majorité à la Chambre, et on sait si la chose était facile avec ce que l'on appelait alors le *pays légal*. Le corps électoral, — le pays légal — qui comptait 150,000 électeurs sous la restauration n'en comptait guère plus de 2 ou 300,000 après 1830, car Louis-Philippe n'abaissa le cens électoral que de 100 fr. pour l'électorat. Nul donc ne pouvait participer à la direction politique de la France, s'il ne payait 200 fr. d'impôts, et nul ne pouvait être élu s'il n'en payait 500. Si des grands hommes comme Rousseau, Diderot, d'Alembert eussent vécu sous ce régime corrompu et corrupteur, ils n'eussent été ni éligibles, ni électeurs. Ce privilége était réservé à la *haute* bourgeoisie. Le reste de la nation, était la « vile multitude » bonne à payer l'impôt, c'était de la chair à canon.

Les lois draconiennes de la Restauration sur la presse furent *complétées* par les lois de septembre ; les institutions bâtardes, antidémocratiques de la Constitution de l'an VIII furent précieusement conservées ; les places étaient exclusivement réservées aux classes égoïstes qui formaient une sorte de féodalité industrielle et financière, et la petite bourgeoisie comme le peuple était bannie de toutes les hautes fonctions publiques ; le budget qui, dans les premières années du règne, ne dépassait pas 1,100 millions, s'était élevé au chiffre effroyable de plus de 1,600 millions, et ainsi « nos finances se trouvaient engagées pour au moins dix ans » et voilà ce qu'on avait proclamé « la meilleure des Républiques ! »

A l'extérieur, la politique de la monarchie constitutionnelle ne fut ni plus *heureuse* ni plus sage. « Les suites de ce régime, dit l'éminent historien qui nous a fourni une partie de ces détails, quel Français les ignore ? Les traités de 1815 acceptés hautement ; les révolutionnaires espagnols excités la veille et abandonnés le lendemain ; la Belgique livrée, dans la conférence de Londres, à des influences hostiles ; la Sainte-Alliance à Cracovie ; les Autrichiens à Ferrare ; le nom de la France associé, en Suisse, à des prouesses d'espion ; les misères de l'affaire Pritchard ; les insultes de Rozas subies ; Méhémet-Ali, enfin, tombant du haut de sa fortune pour avoir compté sur la puissance de notre amitié, et lâchant les rênes de l'Orient ouvert aux Anglais. Voilà notre histoire pendant dix-sept ans, voilà ce que nous a coûté *une diplomatie de famille* substituée à la politique nationale. »

Aussi la monarchie de juillet était-elle devenue souverainement impopulaire, et quand retentit le cri de *réforme! réforme!* le roi se trouva seul pour défendre sa couronne contre la Révolution que n'avaient pu désarmer ni des concessions tardives, ni les menaces de Bugeaud, et que Lamartine a caractérisée d'un mot cruel : « La Révolution du mépris! »

Mépris de quoi? Mépris de ce gouvernement bâtard, hybride, perfide surtout, ne reposant sur aucun principe propre, gouvernement sans force ni grandeur morales; mépris de ce régime de lucre et de compromis, s'appuyant sur une seule classe ; mépris des repus et des satisfaits, qui trouvaient *déplacées* les plaintes des pauvres et des mécontents!...

Demandez-vous encore ce que serait la monarchie constitutionnelle si elle revenait? Elle serait ce qu'elle a été.

A cette monarchie, il faut une bourgeoisie : point de bourgeoisie, point de roi-bourgeois! C'est incontestable. Et ils l'ont bien compris ces bourgeois intelligents, comme les Thiers, les Rémusat, les Montalivet qui se sont ralliés à la République; ils ont compris qu'il n'appartenait plus à une seule classe de *faire* un roi, et qu'il est des nécessités historiques qui s'imposent et des besoins qu'il faut satisfaire. Ils ont connu les défauts et les dangers du parlementarisme, d'un gouvernement moitié monarchique, moitié républicain, c'est-à-dire rien du tout; d'un régime sujet aux plus violentes secousses et représenté par une dynastie sans principes et sans convictions, dont toute la politique s'est résumée dans ce mot typique : « Enrichissez-vous ! » Ils ont apprécié les tristes conséquences de l'orléanisme, et n'ont pas oublié qu'on a pu formuler la politique d'un cabinet, dont M. Guizot était le chef, et qui trouvait que les *mariages espagnols* étaient la « seule *grande chose* que la France eût faite depuis 1830, » par ces trois mots : « Rien ! rien ! rien ! » Ils ont pensé enfin, avec le chancelier d'Aguesseau, « que l'amour de la patrie est une plante étrangère dans la monarchie, qui ne croît heureusement et qui ne fait goûter ses fruits que dans la République..... car le sort d'un vaisseau dont chacun croit tenir le gouvernail, ne saurait être indifférent..... »

Au reste, voyez-les à l'œuvre ces *bon-princes* d'Orléans depuis qu'ils ont pu circuler librement en France et rester muets à l'Assemblée de Versailles. Se souvenant, sans doute, que son père avait demandé à se battre en Espagne contre une *armée française*, le comte de Paris n'a-t-il pas dîné, quelque temps après la paix, avec ce duc de Mecklembourg qui avait pris Chartres, brûlé Chateaudun, trempé ses mains dans le sang de nos soldats?... Comme cet Harpagon qui trouvait que sa cassette avait de beaux yeux, ne trouvait-il pas, le duc d'Aumale, que le pouvoir en a de superbes, lorsqu'il se disait prêt à s'accommoder de la République elle-même? N'ont-ils pas réclamé, ces frères-quêteurs, des grades qu'ils n'avaient guère gagnés sans doute? N'ont-ils pas demandé la restitution de *42 millions*, et, fils ingrats, aidé ainsi les Prussiens, dont plusieurs d'entre eux descendent, à ruiner leur mère malade et appauvrie? Comme si, dit l'*Univers* lui-même, il n'y avait pas dans l'histoire et l'origine de ces biens de famille des *pudenda* sur lesquelles la piété filiale devrait craindre d'attirer le jour!...

Et leurs partisans à l'Assemblée, que n'ont-ils pas fait pour escamoter la République et retarder la fin de l'équivoque, dont le pays a tant souffert? Ces hommes égoïstes, toujours les auxiliaires du bourreau dans les temps où le despotisme triomphe, et que l'on appelait à la Convention les *crapauds du marais*, n'ont-ils pas continué la tradition? Décentralisateurs à outrance sous l'empire, centralisateurs ou réactionnaires acharnés quand ils sont au pouvoir, libéraux aujourd'hui, destructeurs de toutes les libertés demain, n'ont-ils pas déclaré une guerre insensée à l'opinion publique et cherché à faire la monarchie sur le dos de la Constitution, comme « *l'autre* » jadis avait changé une « Révolution en nourrice? » N'ont-ils pas substitué pour le Sénat le suffrage restreint au suffrage universel qu'ils auraient voulu détruire absolument?

Arrière donc à eux encore! Ils sont le roi, et nous sommes le peuple!... Arrière! ils sont la résistance, la réaction, le gouvernement de combat, — et nous sommes la la liberté, la Renaissance, la République!...

III

LES BONAPARTISTES

Quiconque a lu les *Châtiments*, a remarqué cette pièce vraiment belle qui a pour titre : *l'Expiation*. C'est un morne et tragique dialogue entre Napoléon Ier et la Providence. A chacun de ses malheurs, à la Bérésina, à Waterloo, à Sainte-Hélène, le César brisé et humilié demande à Dieu si c'est l'expiation. Et Dieu répond : « Non.... pas encore ! » Une nuit enfin, couché dans son tombeau impérial, Napoléon s'éveille et la voix qu'il reconnaît lui dit :

» Réveille-toi : Moscou, Waterloo, Sainte-Hélène,
» L'exil, les rois geôliers, l'Angleterre hautaine,
» Sur ton lit accoudée à ton dernier moment,
» Sire, cela n'est rien : voici le châtiment ! »

C'est le Deux-Décembre ! Car, c'est dans cette nuit sinistre que fut consommé le grand forfait, le grand crime qui a marqué d'une tache indélébile la race maudite des Bonaparte !

Louis XIV en bottes et un fouet à la main avait chassé le Parlement ; un soldat ivre de sang et de gloire, *l'oncle*, avait fait le 18 brumaire avec ses grenadiers ; le *neveu*, instrument de la tardive expiation dont parle le poète, fit le Deux-Décembre ! C'est la tradition des despotes...

Je ne raconterai pas les tristes aventures du *héros* célèbre par les équipées ridicules de Strasbourg et de Boulogne, ses relations avec mistress Howard et ses conspirations avortées ; je ne rappellerai pas ses proclamations républicaines et ses serments de fidélité et de dévouement à la République qui eut le tort grave de croire à sa parole, et je ne montrerai pas la main de ses agents dans la terrible insurrection de juin ! Tout le monde sait cela, — et même qui ne connaît l'épisode sanglant commencé par des massacres au cœur de Paris et continué sur les champs de carnage de la Lorraine et de l'Alsace ?

Un soir d'hiver, la France s'était couchée libre et maîtresse d'elle-même ! le lendemain elle se réveilla garrotée, courbée sous le talon d'un dictateur vulgaire, parjure en attendant qu'il fût traître à sa patrie... La souveraineté nationale était violée ; les représentants du peuple et les généraux les plus distingués étaient traînés dans les cachots ; le sang coulait dans les rues de la ca-

pitale et de vingt villes de France ; les der-
niers défenseurs de la liberté et du droit
tombaient sous les balles de soldats avinés;
on saisissait et on exécutait sans jugement,
et on allait organiser les commissions mix-
tes; un regard et un geste suffisaient pour
être traité en suspect ; vingt mille citoyens
arrachés à leurs familles étaient déportés à
Cayenne ou à Lambessa ; on confisquait les
biens de ceux qu'on avait pu atteindre
autrement ; se sentant maître du terrain,
le maître demanda un plébiscite *menteur*...
et on vota sous l'œil de sa gendarmerie et
de sa police.. Et le *suffrage universel*—quelle
dérision ! — le suffrage fraudé, escamoté
en fit un empereur ! Grâce à la trahison,
grâce aux compères Morny, St Arnaud,
Mocquard et leurs sbires, le coup d'Etat ou
coup de main avait réussi... et on put dé-
finir la situation d'un mot juste et spiri-
tuel : « C'est la bataille de Clichy gagnée
par les insolvables. » Il s'avance alors en pié-
tinant sur les cadavres, ce Cesar plus cruel
que Sylla, plus débauché que Néron, plus
ambitieux qu'Octave, plus hypocrite et plus
sanguinaire que Tibéré, et monte sur le
trône qu'il a usurpé.

Comme un malfaiteur qui, pénétrant dans
une maison habitée, se hâte d'éteindre les
flambeaux pour couvrir ses crimes de ténèbres, le premier acte des artisans du coup

d'Etat fut de supprimer la moitié des journaux et d'imposer silence aux autres......
Ainsi débuta ce gouvernement sans principes, qui ne se maintint que par la force brutale, par la puissance du casse-tête et de la peur. C'était le régime du sabre, la dictature en un mot qui s'imposait à la France et qui se disait, comme elle se dit encore aujourd'hui, « la démocratie ».

La démocratie césarienne, c'est-à-dire l'autocratie, c'est possible. Car nous la connaissons la théorie démocratique du rêveur, auteur d'un livre, qui n'est qu'un mauvais pastiche de celui de Louis Blanc. Ecoutez plutôt : « La démocratie, c'est le gouvernement *d'un seul* par la volonté de tous, et sa nature, c'est de se personnifier dans un homme. » (*OEuvres de Bonaparte*, p. 88). Et il ne s'en présente pas moins comme démocrate, demandant l'organisation du travail, la création d'ateliers nationaux (p. 10), et voulant que l'Etat dépossède les propriétaires négligents des terres qu'ils laissent incultes, pour les donner à l'Association ouvrière (p. 13). Voilà la théorie socialiste de l'empire, et, comme on le voit, c'est le fond de la doctrine du discours de l'inventeur du *droit à la corruption, etc., etc.;* mais en voici l'application.

Louis Bonaparte (le socialiste de Ham) supprime, après le coup d'Etat, les 210 as-

sociations ouvrières qui existaient à Paris ;
il fait traquer et déporter, « comme ennemis de l'ordre social, les ouvriers émanci-
pés par le travail, » ou leur rend la vie impossible par la surélévation des loyers ; il
met à la disposition du préfet de police des
fonds secrets considérables pour soudoyer
les meneurs et organiser des émeutes qu'il
réprime à coups de fusils ; il croit que le
« salut de l'empire est de conspirer avec
tous les ennemis des classes supérieures afin
de les dominer et de les maintenir sous le
joug par une terreur salutaire, » et il fait
enfin fusiller le peuple sur les boulevards et
les ouvriers à Aubin et à la Ricamarie.

Quant à la souveraineté nationale, base
de toute démocratie, il la viole ou l'esca-
mote et se sert d'un suffrage universel vi-
cié pour tromper la nation, — le plébiscite
malheureux du 8 mai et toutes les élections,
où il ne triomphait que par la *corruption*, en
sont des preuves sans réplique, confirmées
d'ailleurs par les révélations du rapport
Savary, les agissements de Jules Amigues
et ses relations avec les détenus du fort
Quelern..... Il ne faut donc pas qu'on s'y
laisse tromper : cette démocratie d'emprunt,
ce socialisme trompeur, n'a été qu'une arme
de gouvernement et n'est aujourd'hui qu'un
moyen de capter la faveur populaire.

Au reste, voyez-là donc à l'œuvre cette

démocratie césarienne. On a pu dire en toute vérité que l'empire a été surtout une puissance de démoralisation : vingt ans de ce régime ont pleinement suffi pour démoraliser le pays. Les principes n'existaient plus ; les besoins des personnes et des circonstances faisaient loi ; le favoritisme et la camaraderie suppléaient au mérite et à l'équité ; le Deux-Décembre avait corrompu l'armée, puis ce fut le tour de la magistrature et du clergé qui s'avilit en se prosternant devant le parjure triomphant. Pour détourner le peuple des affaires de l'Etat, on encouragea l'immoralité, on multiplia les appels au plaisir. Les turpitudes de la cour impériale trouvèrent de nombreux approbateurs dans certaine *couche* toujours prête à suivre les exemples scandaleux. Le *Figaro* fut le journal préféré, et le café-chantant, le *casino* firent chômer le théâtre et la scène française. Qui ne connaît, en outre, les orgies de Compiègne, de Saint-Cloud ou du Parc-aux-Biches, l'histoire de la Bellanger ou de Cora Pearl? et je trouve dans un vieux numéro du *Gaulois*, journal peu suspect en la matière, la curieuse statistique suivante, que l'on pourrait placer dans la collection de notes de bonbons achetés par l'empereur pour le général de Failly ou autres :

« Il se consomme, à chaque bal des Tuileries : 900 bouteilles de champagne, 400 bouteilles de bordeaux, 50 bouteilles de madère, 1,200 litres de sirops, 200 litres de café glacé, 200 litres de chocolat chaud, 2,000 glaces, 1,200 litres de punch, 200 litres de thé, 3,000 gâteaux, 100 grosses pièces de pâtisserie, 600 kilogrammes de viandes, 100 gros pâtés de foie gras, 200 poulets, 50 faisans, 100 perdreaux, 12 gros jambons, 300 mauviettes, 24 entrées de poissons, 42 grosses galantines, 24 salades de légumes à l'impériale, 16 buissons de truffes, 20 filets de bœuf, 3,000 petits pains ! » Simples rigolades !..... passons au sérieux.

'On raconte que Napoléon III disait un jour à un courtisan ambigu, autrefois et peut-être encore légitimiste, qui revenait de faire visite au comte de Chambord :

— Eh bien ! que dit votre prince?

— Sire, M. le comte de Chambord n'exprime qu'un programme politique; il dit qu'il appellerait à lui tous les hommes de bonne volonté, sans distinction de parti, pourvu qu'il fussent honnêtes.

— Honnêtes !... reprit Napoléon III avec un étrange sourire; eh bien ! alors, je lui conseille de les amener avec lui. »

Voilà l'empire jugé par lui-même, a-t-on ajouté. Ce n'est pas que je prétende qu'il n'y a pas de bonapartiste honnête ! car je n'ai pas l'habitude d'insulter les gens, mais n'est-il pas vrai que l'empire, à défaut de grands hommes, nous a laissé des *pick-pockets* fameux (les Huguet, les Clément Duvernois, les Victor Place, les Collet-Meygret) dont l'histoire prouve au moins que toute la canaille n'est pas républicaine? Eh, que dire d'un gouvernement qui paie 400,000 fr. les *services* d'un président de cour, Troplong, qui jugeait comme délictueuse la distribution de bulletins électoraux non déposés au parquet, et ouvrait à la police un accès dans le secret des correspondances? d'un gouvernement qui servait 400,000 fr. à un Janvier de la Motte, l'homme aux virements, pour s'amuser avec Mlle Crénisse, du Palais Royal, Blanche Pierson ou les sœurs Renault, dont l'une habitait même la préfecture et lui avait donné un petit Janvier?

Ah! on ose encore parler de la prospérité de la France sous l'empire! Mais, a-t-on oublié que le traité de commerce de 1860, — un coup de tête de l'empereur, — ruina plusieurs industries? que le pays a payé non seulement le prix de revient des chemins de fer, mais encore les bénéfices des spéculateurs ou de certains concessionnaires pour qui la fusion des compagnies a été si avantageuse, et que notre réseau qui ne compte que 18,000 ki-

lomètres quand il devrait en compter 40, nous place, sous ce rapport encore, au sixième rang en Europe? A-t-on oublié que Berryer disait du Crédit mobilier qu'il « était la plus grande maison de jeu d'Europe, » et quant au Crédit foncier, de quelle utilité a-t-il donc été pour l'agriculture? Quoi! un pays dont la dette est toujours croissante et dont les impôts sont de plus en plus élevés, est-il un pays prospère? Et si on a bien vendu les denrées, faut-il en attribuer le mérite à l'empire ou à l'activité nationale et aux nouveaux et grands moyens de communications qui rendent toujours les transactions plus faciles et plus importantes?... Savez-vous, enfin, ce que nous coûtent vingt ans de ce régime qui a élevé le budget de 1 milliard et demi à 2 millliards et demi, avec un *déficit* annuel de 300 millions? On l'a calculé : « La
» famille impériale avec les cousins et les
» maîtresses coûtait 75 millions par an.
» L'empereur a emprunté 4 milliards 200
» millions, a doublé en quinze ans la dette
» nationale, et l'a portée à 12 milliards ; il
» volait chaque année 125 millions sur le
» budget de l'armée, sans compter ce qu'il
» volait sur la caisse des réengagements
» militaires, sur les traités de commerce,
» sur les jeux de Bourse, etc. etc. » ; en donnant le monopole des journaux à des finan-

ciers qui *partageaient* avec des personnages importants, il leur livrait en pâture la crédulité publique, mais il en bénéficiait; « il » a gaspillé en moyenne trois milliards par » an, c'est-à-dire 54 milliards, » et nous ne pouvons apprécier les folles dépenses des courtisans, des courtisanes ou des *hauts* fonctionnaires, les tripotages véreux et les spéculations scandaleuses dont on a tant parlé.

Tenez, l'empire n'a été qu'un tissu de contradictions et d'inconséquences dont voici les moindres : « Protection et libre-échange; équilibre européen et principe des nationalités; despotisme avec Rouher, libéralisme, et quel libéralisme! avec Ollivier; suffrage universel et nomination des maires et des sénateurs par l'empereur, etc., etc.

Et quelle politique déplorable que la politique extérieure de Bonaparte! Il vexa toutes les nations voisines et peut-être le monde entier : il promet aux Italiens l'Italie libre jusqu'à l'Adriatique et bientôt après s'oppose à l'unification italienne. Il est tantôt avec le pape et tantôt contre lui. Il perd l'alliance russe et ne sait pas conserver l'alliance anglaise. Il irrite les Etats-Unis qui l'obligent à évacuer le Mexique. Il affecte de vouloir la rive gauche du Rhin, la Belgique, le Luxembourg, et vous savez comment finit cette comédie. On se joua de lui à Biarritz, on l'accula à Sedan, — et les bonapartistes n'en ont pas moins « recherché depuis l'alliance de l'Allemagne, » c'est M. d'Arnim qui l'a déclaré dans une dépêche citée dans son procès.

« *L'empire, c'est la paix !* » avait dit à Bordeaux celui qui, d'après Cavour, « parlait peu, mais mentait toujours. » Oh ! transcrivons le bilan qu'on a dressé de toutes ses guerres :

GUERRE DE CRIMÉE.

Français morts ou tués pendant la campagne : 285,000.

Plus *deux milliards deux cents millions.*

GUERRE D'ITALIE.

Français morts ou tués : 85,000.
Plus *un milliard cinq cents millions.*

GUERRE DU MEXIQUE.

Français morts ou tués : 60,000.
Plus *cinq cents millions.*

GUERRE DE PRUSSE.

Français morts ou tués : 200,000.
Plus *dix milliards.*

Total des Français morts ou tués, sans tenir compte des guerres de Syrie, de Chine, etc. : 630,000.

« Voilà ce qu'on a vu, l'histoire le raconte,
» Et quand elle a fini, pleure rouge de honte ! »

« L'empire, c'est la paix ! » Mensonge, imposture, que nous avons cruellement expiés !... Hélas ! qui ne se souvient de ces prétextes (1) inventés pour avoir un motif de déclarer la plus fatale des guerres, de ces déclarations fanfaronnes, de cet enthousiasme factice excité par une police spéciale et soudoyée à cet effet, de ces cris, de ces clameurs poussés contre les plus honorables députés de l'opposition qui faisaient des efforts désespérés pour détourner de la France semblable calamité ? Nous n'avions que des régiments incomplets, des arsenaux vides, un état-major incapable, une intendance en désordre ; nos finances étaient dilapidées ; — et l'on osait dire que « l'on était prêt, qu'il ne manquait pas même un bouton de guêtre, » et l'on partait en campagne pour sauver une dynastie, mais pour perdre la France... Lisez ce que l'empereur écrit à sir John Burgoyne :

« L'offensive étant devenue impossible, dit-il dans cette lettre, toute pleine de cy-

----

(1) Il était faux que M. de Bismark « eût notifié » à tous les cabinets européens le refus d'entendre une dernière fois notre ambassadeur. M. de Gramont l'a reconnu : « C'est vrai, dit-il, il n'existe pas de document de ce genre. »

(La France et la Prusse.)

niques aveux, je me suis résolu à la défensive, mais, *empêché par des considérations politiques*, la marche en arrière a été retardée, puis est devenue impossible. Revenu à Châlons, j'ai voulu conduire la dernière armée qui nous restait à Paris, mais là encore *des considérations politiques nous ont forcés à faire la marche la plus imprudente et la moins stratégique qui a fini par le désastre de Sedan.* »

On croit rêver, n'est-ce pas, quand on relit de pareilles choses ! Et cependant M. Granier de Cassagnac ne craignait pas de s'écrier, à l'avance, en plein Corps législatif impérial : « *Nous en acceptons la responsabilité !* »

Gardez-la donc cette responsabilité écrasante qui retombe sur vous de tout son poids, et que vous essayez en vain de rejeter sur d'autres. Tant qu'il restera un Français, on se souviendra que les Bonaparte ont trouvé la frontière de la France à Cologne, et qu'ils l'ont laissée à Verdun avec Metz, dans les mains de l'étranger. « Le premier empire, dit fort bien Henri Martin, nous a fait perdre la Belgique et les provinces du Rhin. Le second empire nous a fait perdre (1) l'Alsace et la Lorraine.

------

(1) Le principal argument des bonapartistes, c'est que, si on avait fait la paix après

Que restera-t-il de la France après un troisième empire ? Rien.

Car, que serait l'empire s'il revenait ? *Ce qu'il a été*, Que ferait-il ? Demandez-le aux bonapartistes : « *Ce qu'il a déjà fait.* » C'est évident, les mêmes causes doivent engendrer les mêmes effets.

Sedan, nous aurions encore ces deux chères provinces. Rien n'établit cette assertion et tout prouve, au contraire, que depuis Iéna l'Allemagne aspirait à une revanche terrible. Qu'on se rappelle cette chanson, expression du sentiment national, qui surexcitait en 1813 le patriotisme germanique « la patrie allemande doit s'étendre partout où résonne la langue allemande. » Et l'empereur est d'autant plus coupable de s'être engagé dans cette lutte, sans être prêt, qu'il savait les projets de M. de Bismark, qui, d'ailleurs, a toujours exigé comme condition de paix, la cession de l'Alsace et de la Lorraine. En outre, l'empire lui-même voulait continuer la guerre après Sedan ; la proclamation désespérée du 3 septembre, signée par l'impératrice et par tous les ministres, en fait foi. Donc, l'argument des bonapartistes est sans valeur, et c'est bien à eux que nous devons le « démembrement de la patrie, » dont deux fois l'Assemblée nationale l'a déclaré responsable quand elle a proclamé la déchéance de la dynastie impériale.

Et nous verrions reveuir les dissipateurs de la fortune publique, les violateurs de la souveraineté nationale, les proscripteurs et les persécuteurs, les traîtes qui ont livré nos places fortes sans même brûler nos drapeaux dont les trophées ornent les voûtes des arsenaux prussiens... et nous verrions encore au ministère de la guerre le maréchal Lebœuf, peut-être même ce Bazaine qui, libre et riche, promène somptueusement sa honte dans les pays voisins, tandis que tant d'autres sont morts, ou ont été proscrits en 1851 ou depuis...; tandis que Rossel, l'homme sublime de Metz, est tombé à Satory, sous la décharge d'un peloton d'exécution...

Arrière donc, arrière surtout à l'empire, à cette dictature tempérée par le hasard et l'imprévu, par les crises sociales et nationales, par la révolution et l'invasion !

Arrière à cette politique qui a toujours pour but l'accaparement de la France et pour moyens les ténébreuses manœuvres propres à jeter la division parmi les différentes classes de la société !

Arrière enfin aux bonapartistes sous quelque forme qu'ils se présentent, de quelque masque qu'ils se couvrent, de quelque titre qu'ils se décorent; arrière, au nom de la patrie et de la liberté !

IV

LA RÉPUBLIQUE

J'ai démontré dans mes *Lettres d'un Rural à Paris* (1) que la République « c'est la *liberté*, c'est l'*ordre* et l'*économie*, c'est enfin le *seul gouvernement qui puisse clore à jamais l'ère des révolutions sanglantes*, parce que c'est celui qui nous divise le moins. » Si je n'ai pas la prétention de penser que les lecteurs de l'*Avenir* se souviennent de ces lettres publiées plus tard en brochure, ou qu'elles aient persuadé un adversaire quelconque, de la supériorité du gouvernement républicain sur toutes les monarchies possibles, j'ai du moins la conviction que ces démonstrations seraient aujourd'hui superflues. Il faudrait être aveugle ou bien obstiné pour ne rien conclure de tout ce qui s'est passé depuis cinq ans, et pour ne pas reconnaître que ce régime politique a justifié et justifiera mieux encore à l'avenir son beau titre : la République, c'est-à-dire *res*, la chose, *publica*, publique.

----

(1) Bordeaux, *librairie moderne*, place de la Comédie, et chez tous les libraires

Seul gouvernement *possible* à notre époque — il y a trois princes prétendants et il n'y a qu'un trône — la République est, en outre, le seul régime compatible avec la souveraineté nationale et le suffrage universel ! cela ne se démontre pas. Et, si on a besoin d'une preuve de l'excellence des institutions républicaines, que l'on compare deux machines mues par une force motrice de même ou de différente nature et travaillant à la même œuvre, mais dont l'une aurait une soupape de sûreté, tandis que l'autre n'en aurait pas.

La soupape de sûreté de la République, c'est le suffrage appelant périodiquement la nation à disposer de ses destinées...., et cette machine sans soupape, monarchie ou empire, comment résisterait-elle au choc des grands mouvements populaires sans entasser des ruines et des cadavres ?

Soit ! dira-t-on peut-être, la République est, en principe, le meilleur gouvernement ! mais, qu'a-t-elle fait ?

Il y a dans nos annales trois dates fameuses qui marquent trois grandes époques chères aux véritables patriotes, à tous les amis du progrès et de la liberté : 1789, 1848, 1870. Je ne parle pas de 1830, car je n'appelle pas changement utile, progrès, révolution, «la substitution d'un demi-trône au trône complet. »

Avant 1789, nous l'avons dit, le paysan, l'ouvrier n'était qu'un paria. Travaille, vil esclave, travaille toujours, c'est là ta condition. La peine, l'abrutissement, la docilité aux *grands*, voilà ton lot... La République vint. Elle vit ce paria, et, indignée, elle conçut aussitôt le dessein de lui rendre sa dignité d'homme. Elle lui donna la terre qui gisait inerte et stérile dans les mains des privilégiés. De serf, elle le fit propriétaire, et d'esclave il devint maître...

« Vous êtes les ennemis de la propriété ! » n'en crient pas moins fort nos prétendus conservateurs, comme si de tous les gouvernements ce n'était pas la République qui « a le mieux compris et le plus respecté le droit de propriété ». De sérieuses garanties protégeaient la fortune individuelle dans les Républiques de la Grèce, des lois sages en réglaient la transmission, et c'est à la République romaine que revient la gloire d'avoir édicté le véritable code de la propriété, législation d'où dérivent toutes les législations des peuples civilisés. Au contraire, elle est monarchique cette maxime : « Le roi est seigneur souverain de toutes les terres qui sont dans son royaume, » maxime inique, consacrée sous Louis XIII par une ordonnance appelée Code Marillac et adoptée par Louis XIV, qui disait dans ses instructions au Dauphin : « Tout ce qui se trouve dans nos Etats, de quelque nature qu'il soit, nous appartient au même titre, » etc., etc. En 1816, les Bourbons obligent les Bonaparte, bannis, à vendre leurs biens dans le délai de six mois, leur interdisant de rien posséder en France après l'expiration de ce délai, et, en 1832, les d'Orléans imposent pareille obligation aux Bourbons aînés, bannis à leur tour. Grâce au sequestre que la République de 1848 avait mis sur les propriétés de la branche cadette, celle-ci les conserva et ne perdit rien ; mais après le guet-apens de Décembre, Bonaparte III s'empressa de confisquer ces biens, que la Republique a naguère généreusement rendus..... Quoi ! des déguenillés, les chiffonniers du faubourg Saint-Antoine n'escortèrent-ils pas, en 1848, les fourgons qui contenaient, « parmi cent écrins éblouissants, cette vieille couronne de France toute en diamants, surmontée de l'escarboucle de la royauté, qui valait 30 millions, et toutes les richesses des Tuileries? Le haillon monta la garde devant le trésor, » et..... le respecta !...

Oui, nous sommes les ennemis de la propriété, s'ils le sont ceux qui repoussent une telle doctrine, condamnent les confiscations royales ou impériales, et ont été les adversaires acharnés de la mainmorte! Mais le plus utile partisan et le meilleur défenseur du droit de propriété, n'est-ce pas celui qui veut en garantir le libre exercice en s'en prenant au monopole et qui soutient que tout citoyen doit pouvoir arriver à l'aisance par le travail et devenir propriétaire?.. Eh bien! ce fut là le grand bienfait que la République apporta à la France quand elle lui apparut pour la première fois! La liberté civile était conquise, et la monarchie protégée par les lances des Cosaques aura beau faire : elle ne la détruira pas.

La République de 1848 va-t-elle continuer l'œuvre de 1789 et « abolir le contraste persistant des institutions avec les mœurs? » Évidemment, oui. Sous la monarchie bâtarde de juillet, le peuple, méprisé par les classes dirigeantes alors souveraines, pressuré par une législation odieuse, n'avait pas voix au chapitre : il payait l'impôt du sang et de l'argent, voilà tout.

La République vint une seconde fois, apportant dans les plis de son drapeau la *réforme* tant demandée, l'abolition de la peine de mort et de l'esclavage aux colonies, etc., etc. ; mais son premier et principal acte fut d'instituer le *suffrage universel*, créant ainsi la liberté politique et l'égalité que nos pères de 89 avaient inscrite en tête de leur programme, disant : Tous les Français sont égaux devant la loi !

Et l'on ose dire que les républicains sont

« les ennemis de la famille ! » N'ont-ils donc pas aboli le droit d'ainesse et les majorats, et ne voudraient-ils pas encore rendre impossibles les guerres maudites des mères, les discordes intestines et faire des nations des peuples de frères ? « Nous défendons l'austérité de la famille, s'écriait récemment Jules Simon, et ce n'est pas sous notre gouvernement que les courtisanes tiendront le haut du pavé. » Car, il n'y a pas de République possible sans mœurs républicaines, sans cette « vertu que le grand penseur, que j'ai déjà cité dans ce travail, considère comme le ressort et le fondement de l'Etat populaire, » et qui a sa source dans la famille. Aussi demandons-nous à ouvrir des écoles pour fermer les prisons, et réclamons-nous l'instruction gratuite obligatoire pour élever le niveau intellectuel et moral de la famille et de la société !

Trahie par le sinistre Corse, la République, qui avait fait de tous les Français des *citoyens*, interrompit son œuvre et disparut pour reparaitre vingt ans après au milieu des désastres de la patrie. — Les hommes qui ont pris dans un jour néfaste et faste à la fois, la triste succession de l'empire, ont pu avoir quelque généreuse illusion ; il n'y a pas de coupable parmi eux, et la République fut pour notre pays ce qu'est la planche de *salut* pour le naufragé qui va périr dans les flots... Depuis cette « année terrible, » elle a payé notre *colossale rançon* sans crise financière ou monétaire, et n'a pas cessé de travailler à notre réorganisation, à notre relèvement moral et matériel... Le pays était prospère; le commerce n'avait jamais été plus florissant; la production de la fonte, la consommation de la houille, la production des sucres malgré les impôts, avaient considérablement augmenté en 1873, et le commerce spécial de la France qui, en 1869, était de 6,128 millions est monté en 1873 à 7,626 millions. Mais, tout-à-coup tout s'arrête: les capitaux ont peur, et le pays est dans l'anxiété. Que s'est-il passé? L'illustre homme d'Etat, M. Thiers, qui a accompli la libération du territoire, était renversé par une coalition monarchique et bonapartiste, et la République semblait menacée... Aussi, du 24 mai 1873 jusqu'au 25 février 1875, a-t-on vécu dans l'équivoque et toutes les réactions coalisées n'ont pas interrompu un instant leur lutte désespérée contre l'opinion publique; on a multiplié les mesures de rigueur et d'exception, les actes d'arbitraire pour faire une opposition systématique aux aspirations nationales; on a eu recours aux moyens et aux ressources des Etats faibles ou qui ont toujours ruiné ceux qui les ont employés au lieu de les fortifier.

Ce n'est pas tout. Un moment on a pu croire à tout ce que l'on dit des races latines. Le cléricalisme relevait la tête, arrivait au pouvoir, et l'Europe en prenait ombrage ! Nous étions condamnés, il est vrai, à passer pour les instruments de la contre-révolution cléricale et monarchique, pour les adversaires de tout droit public moderne... Et malgré la tolérance dont jouissent les cléricaux, à qui on a même accordé la liberté de l'enseignement supérieur, ils n'en accusent pas moins la République de vouloir détruire la *religion !*

Pure calomnie contre laquelle il est bon de protester. Le républicain peut être philosophe, libre-penseur, ami de la science, ennemi ardent de toute théocratie, mais ce n'est pas un *impie*. Nul plus que lui ne doit posséder la *piété* ou la *pitié* (*pietas !*). Non, tout ce qui parle au cœur, tout ce qui peut attendrir, ne lui est pas inconnu... Pour lui, il n'y a pas de secte, pas de temple, pas de cité, il n'y a que l'humanité soumise à cette loi de solidarité qui exprime les rapports des êtres, leurs devoirs mutuels, et sans laquelle il ne comprend pas la société. Ah ! l'humanité ! l'humanité ! qui donc avait entrevu son image sinon les stoïciens, ces républicains antiques ? qui la contemple de

nos jours cette image de l'humanité ne for-
mant plus qu'un seul peuple, sinon les républicains modernes qui appellent de tous
leurs vœux l'avènement de la fraternité humaine?... Les véritables ennemis de la *religion* sont ceux qui la confondent avec *culte*,
avec des manifestations plutôt politiques
que religieuses ; ce sont « ceux qui veulent
l'imposer par la force ou la déshonorer par
des superstitions idiotes » et non ceux qui,
partisans de la liberté de conscience et de
la séparation de l'Etat et de toutes les Egli-
ses, (1) qui en est la conséquence logique,
disent à l'instituteur : voilà ton école ! au
pasteur : voilà ton temple ! au prêtre : voilà
ton église ! et laissent à tous la liberté de
penser, la liberté de croire !...

Mais cet état de choses, qui était le fait
d'une réaction implacable, ne pouvait durer, et l'observateur impartial, se dégageant
de la sphère étroite où se meuvent les partis, assis dans la sereine région des principes comprenait qu'il aurait raison ce fou-
gueux royaliste qui disait : « La véritable
Constitution est cet esprit public, admira-
ble, unique, infaillible, qui mène tout, qui
conserve tout : ce qui est écrit n'est rien. »

(1) Voir le *Clergé et la République*, par L.
Cousse ; aux bureaux de l'*Avenir* et chez
tous les libraires.

Et c'est pour avoir voulu vivre en dehors de cet *esprit public*, pour avoir agi sans lui ou contre lui que les royautés ont disparu, que les empires se sont écroulés et que tomberont demain ceux qui avaient espéré sauver par la violence, par l'intolérance, les épaves de la monarchie ou du césarisme.

La France sera au plus sage! a-t-on dit. Elle sera donc à la République, la sagesse de ses partisans en est le garant.

Péril social! démagogie! réplique le conservatisme aux abois, sans s'apercevoir que dans le bagne où il prétend nous emprisonner, nous rencontrons les grands esprits dont s'honore le monde, nous coudoyons les savants, les martyrs de leur foi ou de leur dévouement à une sainte cause. Comment! la canaille a-t-elle donc un drapeau, appartient-elle à un parti et ne s'appelle-t-elle pas simplement canaille?

Le spectre de Romieu est démodé! qu'importe? ils l'évoquent *quand même!* Mais, la tactique n'est pas nouvelle.. Autrefois, la société gréco-romaine considérait les premiers chrétiens comme des criminels et des fauteurs d'anarchie... et lorsque les Bataves se soulevèrent contre un tyran inquisiteur, Philippe II, on se moqua de cette poignée de rebelles qui osaient engager la lutte contre le tout-puissant roi de toutes les Espagnes, et les Batbie de l'époque trouvèrent pour le leur appliquer le mot qui exprimait le mieux le dédain qu'ils inspiraient à leurs superbes oppresseurs, on les appela les *gueux*. Mais, la persécution ne put arrêter la révolution chrétienne, et quand les anciens patriotes ne pouvaient faire un pacte avec la victoire, ils en faisaient avec la mort... Et ils ont vaincu : les Bataves virent leurs tyrans s'humilier devant eux et reconnaître l'indépendance de leurs provinces ; la transformation morale prêchée par le Galiléen a gagné l'univers...

O vous, martyrs du droit et de la liberté, qui fûtes aussi des *gueux*, comme nous le sommes, parce que vous vouliez dissiper les ténèbres de l'ignorance, ou des *radicaux*, parce que vous revendiquiez le droit de réunion, la liberté d'exprimer votre pensée sur tant de graves questions sociales à résoudre encore ! Vous qui êtes allés peut-être mourir sous le soleil brûlant d'Afrique ou au « fond du vaisseau noir, » tressaillez dans vos tombes ! ceux qui riaient de vous, vous tendent la main aujourd'hui ; les fantômes se sont évanouis, comme s'évanouissent les brumes d'automne devant le soleil d'une belle matinée ; la *Gueuse* a remplacé un provisoire énervant qui menaçait de durer jusqu'en 1880 ; et il se réalise chaque jour l'idéal du poète qui nous montre les

jeunes générations de la démocratie entrant
dans la République en passant

Sous la haute porte azurée
De l'éblouissant avenir !

Oui, "on sent qu'une ére nouvelle va
commencer, que les divisions vont finir, si
les élections sont républicaines. Sans doute,
pour tendre au même but, tous ne voudront
pas passer par le même chemin. Comme
dans toute société bien réglée, il y aura de
vrais conservateurs et des progressistes ou
véritables libéraux, des wighs et des torys.
Tant mieux! Un gouvernement *sans con-
trôle* doit être un fort mauvais gouvernement, et c'est du choc des idées que jaillit
la lumière. Les mille couleurs de ses divers
rayons n'empêchent pas le soleil de resplen-
dir et de féconder la terre, au contraire. Et
alors, si l'ennemi menaçait encore notre
frontière et notre indépendance, avec le
service militaire obligatoire pour tous mais
de courte durée, bientôt *quatorze armées* se
lèveraient pour les défendre... et le monde
n'apprendrait pas *sans étonnement* que la
race des Hoche, des Marceau, des Kléber,
des Carnot n'est pas éteinte en France.....
Place donc au gouvernement de tous par
tous! place aux vrais défenseurs d'une
Constitution, imparfaite sans doute, mais
perfectible! place à la République libérale,

et surtout *progressive, démocratique!* place
enfin à la souveraineté nationale et au suffrage universel!...

V

CONCLUSION

Électeurs de ce beau département, je vous
livre cette étude, où j'espère n'avoir pas
dépassé les bornes d'une légitime discussion. Vous avez les pièces en main, jugez!
Mais n'oubliez pas qu'à Rome, quand les
Gracques disparurent, la liberté s'éteignit
et le militarisme arriva; on ne perdit Ma-
rius que pour tomber dans les mains de
Sylla; on n'étouffa la conspiration de Cati-
lina que pour passer sous le talon de ce Jules, dont la dictature devait conduire le
peuple romain au césarisme et à la domination prétorienne. Et alors ce fut perpé-
tuellement la *guerre civile* au Forum ou au
Champ-de-Mars, ce fut la décadence.....
Que votre vote soit libre, éclairé, et certainement vous ne ferez pas entendre une
note discordante dans le concert d'acclama-
tions qui vont s'élever de toutes parts.....

et je ne doute pas que vous ne puissiez mêler votre voix à celle de notre chère France, pour crier avec elle :

Vive la République !

L. COUSSE.

Mauvezin, janvier 1876.

Nos lecteurs nous sauront gré, sans doute, de reproduire ici la lettre suivante que nous écrivîmes en plein *ordre moral*, en plein *gouvernemeut de combat*. Cela a, d'ailleurs, son utilité :

A M. JEAN DAVID

AVOCAT

MAIRE **remplacé** D'AUCH

CHER MONSIEUR,

Comme ce grand citoyen d'Athènes que l'on condamna à l'ostracisme, las que l'on était de l'entendre appeler « juste, » les maires de nos grandes villes et de la plupart de nos petites cités viennent d'être frappés par une réaction implacable et fatiguée, elle aussi, sans doute, d'entendre parler du zèle et de la sagesse de ces anciens magistrats. Vous n'avez pas été épargné vous-même ; l'hécatombe n'eût pas été complète si vous n'eussiez été une des victimes, et vous êtes tombé en bonne compagnie... Permettez-moi donc de vous dire, au nom de ceux de mes concitoyens, qui partagent nos senments et nos espérances, que cette proscription est plus triste qu'étonnante, et, qu'en effet, elle nous a plus affligés que surpris.

Comme les Rameau, les Fourcand et tous ces hommes d'élite sincèrement dévoués à la République que les populations avaient placés à leur tête, vous avez quitté l'Hôtel-de-Ville, — mais au rebours de tant de nouveaux et anciens favoris, vous l'avez quitté en emportant l'estime, la confiance, la gratitude de vos contitoyens ; on vous a arraché une écharpe que vous teniez du seul légitime souverain, le peuple, — mais vous restez *quand même* son digne représentant ; vous n'avez plus de mandat légal, c'est vrai, — mais vous n'en conservez pas moins le mandat que vos électeurs ne vous ont point retiré, et le jour n'est pas loin, espérons-le, où vous serez reconnu comme le véritable maire, par des milliers de suffrages ! C'est donc un grand honneur qu'on vient de vous faire ! C'est là aussi un grand enseignement pour le pays.

Certes, tout ce que nous voyons est bien triste, et ne dirait-on pas que nous marchons à la décadence ? Quoi ! on veut étouffer la lumière dans le pays de Voltaire, et l'ultramontanisme y parle en maître ? Non-seulement on ne sait guère plus ce que devient la souveraineté, qui ne s'aliène pas pourtant. On réagit contre tout ce qui a réellement fait notre prépondérance, on brise la plume de tout penseur républicain, de tout écrivain indépendant, et on a empêché ainsi la discussion, mais on va jusqu'à vouloir détruire ces *libertés municipales*, dont la conquête coûta tant d'efforts et de luttes et qui sont comme sorties des entrailles du *bon vieux temps*.

Qu'on ouvre l'histoire, et l'on y retrouvera le récit de cent révolutions partielles qui éclatèrent à un moment sous l'impulsion d'une même pensée, et on y lira des chartes qui, comparées à des lois récentes, seraient bien propres à nous faire honte. Ecoutez ce que disaient, en parlant dé leurs maîtres, les taillables et corvéables à merci de ce temps : « Pourquoi nous laisser traiter ainsi, criaient-ils, et ne pas nous tirer de peine ? Ne sommes-nous pas des hommes comme eux ? C'est du cœur qu'il nous faut. »

Un jour, en effet, en plein moyen-âge, des *manans*, des *vilains*, qu'on appela plus tard les *bourgeois*, se révoltèrent..... « Et alors, dit un historien, le Tiers-Etat eut sa juridiction à lui, opposa ses hôtels de ville aux châteaux, ses beffrois aux donjons, les bannières de ses corps de métiers aux *pennons* armoiriés des gentilshommes ! « Alors le peuple conquit le droit de nommer son maire (mayeur, *major*), son Conseil (les treize pairs), en un mot le droit de se gouverner lui-même. Bientôt après, sans doute, il y eut de cruelles représailles ; le sang roturier coula, mais l'émancipation était faite. La France entrait en possession des libertés municipales qu'on ne détruira pas à jamais.

Eh bien ! ce droit que vos pères ont conquis au prix de leur sang, paysans, ouvriers, bourgeois français, vous ne l'avez plus... D'un seul coup vous avez reculé au-delà du douzième siècle ; car, je vous le demande, qui donc défendra votre cause auprès du pouvoir central ? Quelle digue opposerez-vous désormais à ses empiéte-ments ?...

Ah ! si ces souvenirs sont trop anciens pour qu'un duc-ministre prenne la peine d'en tenir compte, n'aurait-il pas dû au moins avoir la mémoire du présent et jeter un coup d'œil sur les grandes nations.

Là-bas, au-delà de l'Atlantique, par exemple, il y a un peuple prospère, fort, libre, le plus grand peuple du monde peut-être, qui a fait des libertés municipales la base de ses institutions. Croyez-vous qu'il ait eu à s'en plaindre et qu'il ne reconnaisse pas plutôt que c'est à ces libertés nécessaires qu'il doit sa force et sa grandeur ? En Amérique, on ne s'y trompe pas : là où il n'y a pas de liberté, il n'y a pas de progrès, mais l'immobilité stérile...

Je n'examine pas maintenant quel sera, au point de vue purement personnel, l'effet de la mesure qui vient de vous frapper. C'est bien là encore le « *telum imbelle sine ictu!* » Je ne me réjouirai pas même de l'embarras dans lequel vont se trouver les nouveaux maires, persuadé que les yeux des aveugles volontaires les plus obstinés vont s'ouvrir, et que MM. les ducs ne sont pas au bout de leurs déceptions. Mais, comme le philosophe, je regarde depuis quelque temps autour de moi et je demande que vite l'on jette un voile sur la statue du Droit et de la Justice ; je considère le spectacle de nos misères auquel l'Europe assiste avec stupéfaction, et, moi aussi, je dis : « Heureux les peuples, *et surtout les cabinets*, qui n'ont pas d'histoire ! »

Mais tout cela ne m'émeut pas tellement que, plein de foi dans l'avenir, je ne puisse regarder la démocratie pénétrer dans les masses et saluer le flot qui passe, criant à à la réaction qu'il va submerger :

« Tu me crois la marée, et je suis le déluge ! »

Veuillez agréer, Cher Monsieur, avec l'expression des sympathies d'un grand nombre de mes concitoyens, qui, de grand cœur, auraient signé cette lettre, l'assurance de mes meilleurs sentiments.

L. COUSSE.

Mauvezin, 18 février 1874.